Gallimard Jeunesse Giboulées
Sous la direction de Colline Faure-Poirée
Édition Sofia Cloès
Conception graphique Christophe Hermellin

ISBN : 978-2-07-515230-3 • Numéro d'édition : 373804 • Dépôt légal : mars 2021
Loi n° 49-956 du 16 juillet 1949 sur les publications destinées à la jeunesse
Imprimé en France par Pollina - 96556B

PEFC 10-31-2065

Texte de Vincent Cuvellier
Illustrations de Ronan Badel

ÉMILE
fait la politique

GALLIMARD JEUNESSE GIBOULÉES

Aujourd'hui, Émile fait la politique.

C'est bien, la politique.
On met une cravate et on fait des choses.
C'est bien de mettre une cravate et de faire des choses.

« Émile, tu as rangé ta... La quoi ? La politique ?
Mais où est-ce que tu as entendu ça, toi ? »
Émile l'a entendu à la télé. À la télé de la politique.

« Ah oui, c'est les élections, du coup, ils nous bassinent avec leurs trucs ! Je vais te mettre les dessins animés. Et après, tu vas ranger ta… »

Non. Émile ne veut pas les dessins animés. Émile veut la politique. Ou alors Émile veut bien les dessins animés mais que si c'est les dessins animés de la politique.

« Après tout, si ça t'amuse... »
Non. Ça n'amuse pas Émile. La politique, c'est pas fait pour amuser Émile. C'est fait pour le sérieux. D'ailleurs, quand il sera grand, Émile mettra une cravate et fera la politique.

« Bon, je suis à côté, si tu as besoin. »

Émile se met bien dans le fauteuil. Il faut être bien dans le fauteuil pour la politique. Émile regarde un monsieur qui gronde un autre monsieur. Une dame dit qu'il faut arrêter de le gronder le monsieur.

Alors le monsieur qui gronde dit que si c'était lui ça irait mieux et que c'est la faute de l'autre monsieur, mais le monsieur qui se fait gronder dit que c'est pas vrai, que c'est lui qui fait bien et que l'autre il fait pas bien.

Émile comprend bien la politique.

« Bon alors, Émile, tu es pour qui ? »
Émile ne comprend pas la question de maman.

« Ben oui, tu es pour qui ? Si tu veux faire de la politique, il faut d'abord dire si tu es de la gauche ou si tu es de la droite. »

Ah ! Émile ne sait pas s'il est de la gauche ou s'il est de la droite. Il aimerait bien savoir comment savoir s'il est de la gauche ou s'il est de la droite.

*« Lui, tu vois, le monsieur qui gronde, il est de la droite.
Et le monsieur qui se fait gronder, il est de la gauche. »*

Émile regarde le monsieur de la droite et regarde le monsieur de la gauche. Ça y est, Émile a choisi. Émile est de la droite. C'est sûr. Émile est de la droite.

« Quoi ! Ça, c'est la meilleure ! Ah, tu m'auras tout fait, toi ! »
Oui. Émile aura tout fait. C'est parce que Émile est de la droite et que quand on est de la droite on aura tout fait.

Émile est de la droite parce que c'est bien d'être de la droite.
On a des plus belles cravates, on a des plus beaux
cheveux et on se fait pas gronder.

C'est pas bien d'être de la gauche, on se fait
tout le temps gronder et on a la cravate de travers.
« Bon, allez, tu as assez regardé la télé.
Va ranger ta chambre ! »

Ah mais non, Émile peut pas éteindre la télé et ranger sa chambre ! Quand on est de la droite, on éteint pas la télé et on range pas sa chambre ! Jamais !

« Dis donc, Émile, de la droite ou pas de la droite,
je peux encore te punir, moi ! »

Émile range sa chambre. C'est nul de ranger sa chambre.
Quand on est de la droite, on range pas sa chambre. Jamais.

C'est quand on est de la gauche qu'on se fait tout le temps gronder et qu'on doit ranger sa chambre.

C’est nul d’être de la gauche.
Trop nul.

Emile